Petit monde vivant

LES ARTHROPODES

Kathryn Smithyman et Bobbie Kalman

Traduction : Lyne Mondor

Les arthropodes est la traduction de *What is an arthropod ?* de Kathryn Smithyman et Bobbie Kalman (ISBN 0-86505-968-3).
© 2003, Crabtree Publishing Company, 612 Welland Ave., St. Catharines, Ontario, Canada L2M 5V6

Catalogage avant publication de la Bibliothèque nationale du Canada

Smithyman, Kathryn

   Les arthropodes

   (Petit monde vivant)
   Traduction de: What is an arthropod?.
   Comprend un index.
   Pour enfants de 6 à 10 ans.

ISBN 2-89579-026-4

   1. Arthropodes - Ouvrages pour la jeunesse. I. Kalman, Bobbie, 1947- .
II. Titre. III. Collection: Kalman, Bobbie, 1947- . Petit monde vivant.

QL434.15.S5414 2004   j595   C2004-940826-7

Nous reconnaissons l'aide financière du gouvernement
du Canada par l'entremise du Programme d'Aide au
Développement de l'Industrie de l'Édition (PADIÉ)
pour nos activités d'édition.

 Conseil des Arts   **Canada Council**
        du Canada   **for the Arts**

Éditions Banjo remercie
le Conseil des Arts du Canada du soutien
accordé à son programme d'édition dans
le cadre du programme des subventions
globales aux éditeurs.

Cet ouvrage a été publié avec le soutien de la SODEC.

Gouvernement du Québec – Programme de crédit
d'impôt pour l'édition de livres – Gestion SODEC.

Dépôt légal – Bibliothèque nationale du Québec, 2004
Bibliothèque nationale du Canada, 2004
ISBN 2-89579-026-4

Les arthropodes
© Éditions Banjo, 2004
4475, rue Frontenac
Montréal (Québec)
H2H 2S2
Canada

Téléphone : (514) 844-2111
Téléphone sans frais : 1 800 313-3020
Télécopieur : (514) 278-3030
Télécopieur sans frais : 1 877 278-3087

Tous les livres des Éditions Banjo sont disponibles chez votre libraire agréé habituel.

Imprimé au Canada
1 2 3 4 5 II/20HD 08 07 06 05 04

Sur le site Internet :

 Fiches d'activités pédagogiques
en lien avec tous les albums
des collections Le Raton Laveur
et Petit monde vivant

 Catalogue complet

www.editionsbanjo.ca

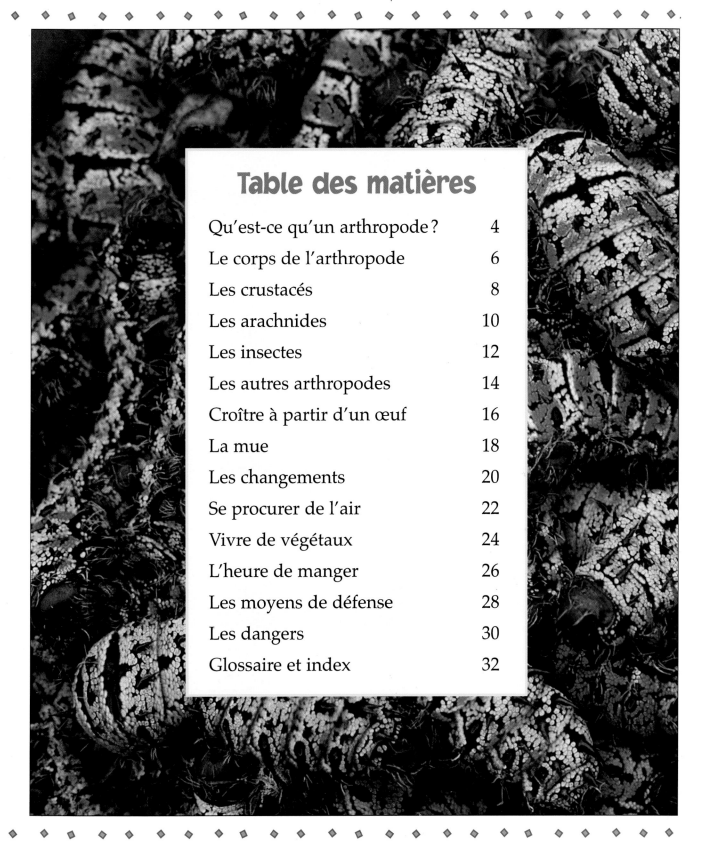

Table des matières

Qu'est-ce qu'un arthropode?

Les arthropodes sont des animaux. Ce sont des invertébrés, ce qui signifie qu'ils sont dépourvus de colonne vertébrale. À la différence de certains autres invertébrés, tels les vers et les mollusques, les arthropodes ont au moins six pattes, et leur corps est recouvert d'une carapace rigide appelée **exosquelette**.

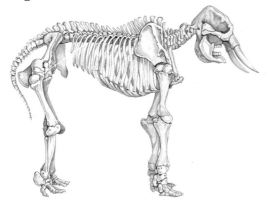

Les vertébrés sont des animaux munis d'une colonne vertébrale. Les poissons, les oiseaux, les reptiles, les mammifères et les amphibiens sont des vertébrés. Le squelette illustré ci-dessus est celui d'un éléphant.

Il y a plus d'arthropodes sur la planète que tous les autres animaux réunis! Il existe plus d'un million d'espèces connues d'arthropodes, parmi lesquelles on compte toutes les sortes d'insectes, d'araignées, de scorpions, de homards et de crabes. Les scientifiques pensent qu'il existe des milliers, peut-être même des millions d'espèces qui n'ont pas encore été découvertes! Pour faciliter l'étude des arthropodes, les scientifiques les divisent en sous-embranchements, comme on le voit dans ces pages. Bien qu'ils ne se ressemblent pas toujours, les arthropodes d'un sous-embranchement ont un corps présentant des traits communs.

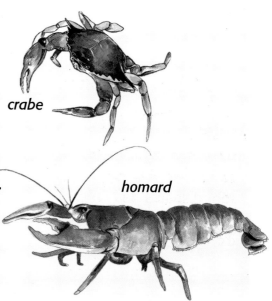

crabe

homard

Les crustacés

Les crevettes, les homards et les crabes sont des crustacés. La plupart d'entre eux vivent dans les eaux salées, mais quelques-uns vivent dans les eaux douces.

crevette

Les chélicérates

Les arthropodes de ce sous-embranchement sont nommés d'après leurs pièces buccales spécialisées, appelées **chélicères**. La plupart sont des arachnides, parmi lesquels on compte les araignées, les scorpions, les mites et les tiques.

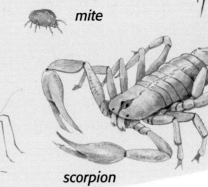

mite

faucheux

scorpion

tarentule

Les uniramiens

Les uniramiens comprennent les insectes, les centipèdes et les millipèdes. Ces derniers sont aussi appelés mille-pattes. Ce sous-embranchement regroupe à lui seul plus d'espèces que tous les autres sous-embranchements réunis.

guêpe

fourmi

puce

coccinelle

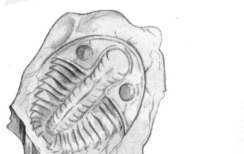

fossile de trilobite

ténébrion

mille-pattes

Les trilobitomorphes

Les arthropodes appelés trilobites constituent ce sous-embranchement. Ils se sont **éteints**, c'est-à-dire sont disparus de la planète il y a environ 250 millions d'années.

centipède

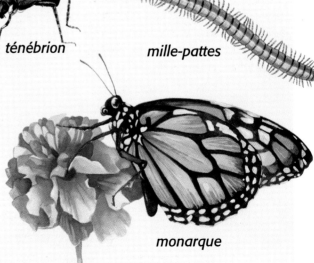

monarque

Le corps de l'arthropode

Même si les arthropodes sont différents les uns des autres, leur corps présente des traits communs. Le corps de l'arthropode est formé de plusieurs segments, qui sont de petites pièces attachées les unes aux autres. Tous les arthropodes ont un exosquelette qui protège les parties molles de leur corps. Afin de se mouvoir, l'arthropode est muni d'**appendices** articulés, comme une queue et des pattes. Il peut plier ses appendices partout où il y a une articulation. En fait, le mot «arthropode» signifie «pied articulé».

*L'exosquelette protège l'arthropode contre les **prédateurs** et empêche son corps de sécher. Plusieurs espèces d'arthropodes, tel ce coléoptère, sont aussi pourvues d'**antennes** leur permettant de sentir et d'explorer.*

En mouvement

L'exosquelette est composé d'un assemblage de petites plaques, comme une armure. Ces plaques permettent à l'arthropode de se mouvoir plus aisément. Ce grillon a des pattes munies de poils lui permettant de s'agripper au sable pour faciliter ses déplacements.

Un corps segmenté

Les arthropodes n'ont pas tous la même forme et ne sont pas tous constitués des mêmes parties. Toutefois, ils sont tous formés de segments. Les segments fusionnent pour former deux ou trois sections distinctes. Le corps de tous les insectes comprend trois sections : une tête, un **thorax** et un **abdomen**. Les araignées, les scorpions, les mites, les mille-pattes, les centipèdes et les crustacés sont constitués de deux sections — un abdomen et un **céphalothorax**. Un céphalothorax est formé de la tête et du thorax soudés.

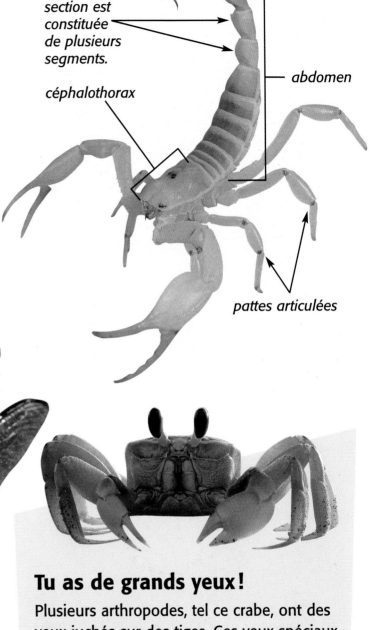

Chaque section est constituée de plusieurs segments.

abdomen

céphalothorax

pattes articulées

*Plusieurs arthropodes — particulièrement les insectes volants — ont des **yeux composés** formés de plusieurs lentilles servant à détecter le mouvement.*

tête

thorax

abdomen

Tu as de grands yeux !

Plusieurs arthropodes, tel ce crabe, ont des yeux juchés sur des tiges. Ces yeux spéciaux s'élèvent au-dessus de la boue et du sable, ce qui permet à l'animal de voir ce qui se passe autour de lui, même lorsqu'il est caché au fond de l'océan ou sous la terre.

Les crustacés

Le corps des crustacés est constitué de deux sections distinctes, d'au moins cinq paires de pattes et de deux paires d'antennes. Il existe tout près de 40 000 espèces de crustacés, incluant les crevettes, les homards, les crabes et les bernacles. Certains crustacés sont si petits qu'on ne peut les voir qu'à l'aide d'un microscope, alors que d'autres sont de la taille d'un petit chat!

Contrairement aux autres arthropodes, la plupart des crustacés vivent dans l'eau. Certains, tels les homards et les crabes, vivent au fond de l'eau. Ils arpentent le plancher océanique et le fond des lacs. Les autres crustacés nagent ou flottent près de la surface de l'eau. Quelques espèces de crabes passent la majeure partie de leur temps sur la terre ferme, mais retournent dans l'eau pour se reproduire.

Ce crabe laineux a été nommé ainsi à cause des algues qui recouvrent son exosquelette et qui lui donnent une apparence laineuse.

Les bernacles

Même si elles sont pourvues de pattes, les bernacles sont des crustacés incapables de se déplacer. La bernacle débute sa vie sous la forme d'une minuscule **larve** (voir pages 20-21). Elle nage librement jusqu'à ce qu'elle trouve un objet solide. Elle s'y fixe et développe ensuite un exosquelette. À partir de ce moment, la bernacle est immobilisée. Elle développe de longues pattes duveteuses qui ondulent dans l'eau pour capturer les particules alimentaires en suspension.

Deux bernacles sont attachées à la carapace de ce crabe.

De minuscules crustacés

Des millions de minuscules crustacés, comprenant le krill, vivent en bancs immenses près de la surface de l'océan. On les appelle zooplancton. Le zooplancton vit au milieu de plantes **microscopiques** et de minuscules animaux. Il se nourrit de débris d'algues. Plusieurs grands animaux marins, comme les baleines, se nourrissent de krill. Les baleines bleues ingurgitent plus de 2 500 kg de krill par jour.

Les arachnides

Les arachnides sont dépourvus d'antennes. Leur corps est constitué de deux sections et de huit pattes. Il existe au moins 40 000 espèces d'arachnides, qui réunissent toutes les sortes de mites, de tiques, de scorpions, d'araignées et de faucheux. Les plus petits arachnides sont microscopiques. L'arachnide le plus grand est un scorpion noir d'Afrique tropicale qui atteint environ 21 cm de long.

Quelques espèces d'araignées vivent près de l'eau, certaines mites vivent dans l'eau, mais la plupart des arachnides vivent sur la terre ferme. Les araignées, les faucheux, les mites et les tiques se trouvent presque partout sur la planète. Les scorpions vivent principalement dans les régions chaudes. La plupart des arachnides sont solitaires, c'est-à-dire qu'ils préfèrent vivre seuls. Ils ne s'éloignent habituellement pas très loin de leur abri.

Miam !

Les arachnides sont incapables de mastiquer leur nourriture, car ils sont dépourvus de mandibules. Certaines mites sont des parasites. Les parasites vivent sur un hôte ou à l'intérieur de celui-ci et s'en nourrissent. Quelques espèces d'arachnides, comprenant les faucheux et la plupart des mites, sont capables de manger de minuscules particules de nourriture. La plupart des arachnides doivent cependant aspirer leur nourriture à l'aide de leurs chélicères. Les araignées et les scorpions injectent des sucs digestifs dans leurs proies. Ces sucs liquéfient les parties molles de la **proie**. Le scorpion ou l'araignée peut ensuite les aspirer.

Le bout de la queue du scorpion est pourvu d'un aiguillon. Celui-ci contient un poison appelé venin. Le scorpion utilise son aiguillon pour tuer des proies ou pour se défendre contre des ennemis.

À propos des arachnides :

 La plupart des arachnides sont solitaires, mais certaines araignées vivent en communauté sur une toile.

 Pour se déplacer sur de longues distances, les bébés araignées et les bébés mites se laissent porter par le vent.

 Les faucheux sont des prédateurs, mais ils se nourrissent aussi de jus de fruits et de plantes.

 Les scorpions sont nocturnes, ce qui signifie qu'ils sont actifs la nuit. Durant le jour, ils se cachent dans des terriers, sous les pierres et dans les fissures profondes des roches.

Le faucheux n'est pas une araignée !

Les insectes

Environ trois quarts des animaux vivant sur la planète sont des insectes ! Il existe plus d'un million d'espèces d'insectes connues, et les scientifiques en découvrent environ 10 000 nouvelles chaque année. Toutes les variétés de mouches, de coléoptères, de fourmis, de papillons, de mites, d'abeilles, de mantes, de criquets, d'insectes-brindilles, de guêpes et de coquerelles sont des insectes. Les insectes occupent presque tous les milieux, des déserts aux forêts pluviales jusqu'aux régions polaires. Plusieurs insectes vivent dans la **litière feuillue** et sur le sol. D'autres vivent sur les plantes ou sous l'écorce des arbres. Certains insectes préfèrent vivre dans les marécages, les étangs, les lacs ou tout autre milieu où se trouve de l'eau douce. Quelques espèces vivent dans les eaux salées.

Les coléoptères comptent plus d'espèces que tout autre groupe du règne animal. Il existe plus de 35 000 espèces de coléoptères scarabées ! Ce coléoptère est un scarabée argenté.

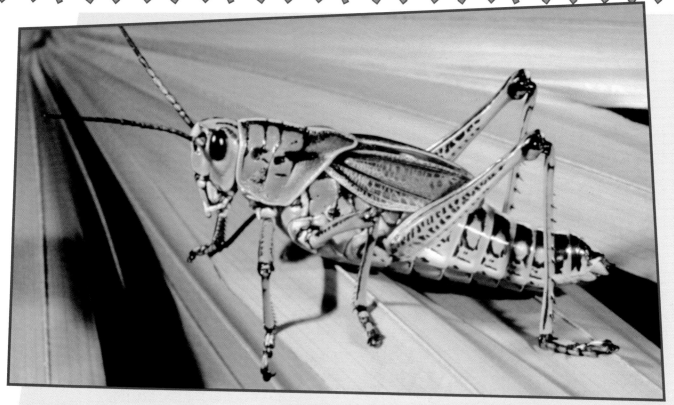

Différents insectes

Chez tous les insectes, le corps est constitué de trois sections, de six pattes et d'une paire d'antennes. Chez les insectes ailés, des ailes sont attachées au thorax. Certains d'entre eux possèdent une paire de petites ailes attachée à une plus grande. Les deux ailes forment une grande aile de chaque côté du corps de l'insecte.

Le corps du coléoptère (à gauche) a la même structure de base que tous les autres insectes, comprenant la sauterelle (ci-dessus) et le papillon nocturne (à droite).

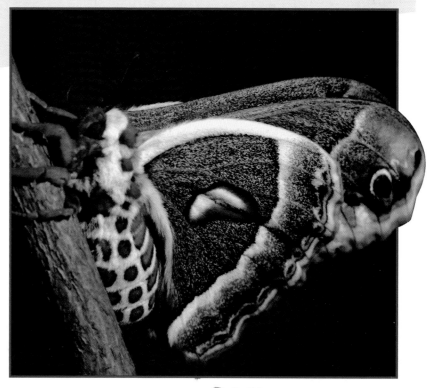

Les autres arthropodes

Les scientifiques éprouvent parfois de la difficulté à regrouper les millions d'espèces d'arthropodes en catégories. En fait, ils ont dû réorganiser les sous-embranchements plusieurs fois! Dans chacun des quatre sous-embranchements se trouvent quelques arthropodes qui ne semblent pas être bien classés. Par exemple, les crabes des Moluques, aussi appelés limules, ne sont pas des crustacés, mais appartiennent plutôt au sous-embranchement des chélicérates. La structure de leur corps est plus proche de celle des araignées que de celle des crabes. Tout comme les araignées, les limules sont dépourvus d'antennes et de mandibules. Les limules constituent une espèce très ancienne. Ils sont sur la Terre depuis plus de 200 millions d'années! Depuis ce temps, leur corps est pratiquement resté inchangé.

À la fin du mois de mai, des milliers de limules sortent de l'océan pour pondre leurs œufs sur la plage de la baie du Delaware au Maryland (États-Unis). Une autre population de limules vit au Japon.

Les centipèdes

Il existe environ 2 800 espèces de centipèdes. Ils ont tous un corps aplati et une paire de pattes attachée à chaque segment de leur corps. La plupart des centipèdes sont des prédateurs. Ils se nourrissent de vers, de limaces, d'araignées et d'autres centipèdes. Les centipèdes sont capables de se mouvoir rapidement pour capturer leurs proies qu'elles paralysent à l'aide de venin. Ce venin se trouve dans des crochets situés de chaque côté de leurs mandibules. La plupart des centipèdes sont nocturnes et vivent dans les orifices des troncs d'arbres.

Le sous-embranchement des uniramiens comprend les centipèdes et les millipèdes. Ils sont classés avec les insectes, car leur corps est formé de trois sections. Leur corps est constitué de plusieurs segments.

Les millipèdes

Le mot « millipède » signifie « mille pattes ». Les millipèdes n'ont toutefois pas autant de pattes! Les segments de leur corps portent chacun deux pattes. Avoir beaucoup de pattes n'aide pas les millipèdes à se déplacer rapidement.

En fait, cela les ralentit. Mais les millipèdes n'ont pas besoin de se déplacer rapidement, car ils ne sont pas des prédateurs. Leurs pattes les aident à se creuser une galerie dans la terre, où ils se nourrissent de feuilles et de bois en décomposition.

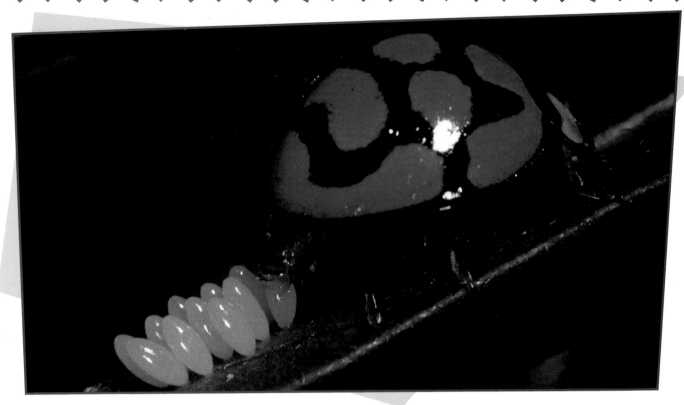

Croître à partir d'un œuf

Les mâles et les femelles arthropodes de la même espèce s'**accouplent** en vue de donner naissance à une progéniture. La plupart des femelles déposent par la suite des centaines d'œufs d'où éclosent, après un certain temps, des bébés arthropodes.

Les œufs des arthropodes

Les œufs des arthropodes doivent demeurer humides. Plusieurs insectes, incluant la plupart des espèces de mouches, déposent leurs œufs dans l'eau ou à proximité d'un plan d'eau. Les autres arthropodes ont développé différentes façons de garder leurs œufs humides. Les araignées, par exemple, enveloppent leurs œufs dans des membranes appelées sacs d'œufs pour les empêcher de s'assécher. Les sacs d'œufs contribuent aussi à protéger les minuscules araignées contre les prédateurs.

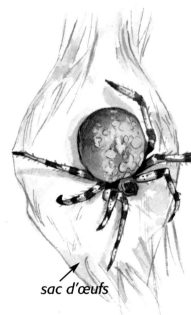

sac d'œufs

Laissé à soi-même

La plupart des arthropodes ne s'occupent pas de leurs œufs. Habituellement les femelles pondent leurs œufs et les laissent ensuite à eux-mêmes. Elles cachent leurs œufs, parfois parmi les feuilles, pour éviter que les prédateurs ne les trouvent.

Éclore à l'intérieur

Plutôt que d'abandonner ses œufs comme le font certains arthropodes, la femelle scorpion les conserve en elle. Les rejetons éclosent à l'intérieur de son corps et s'installent ensuite sur son dos. Ils y restent jusqu'à ce qu'ils soient autonomes.

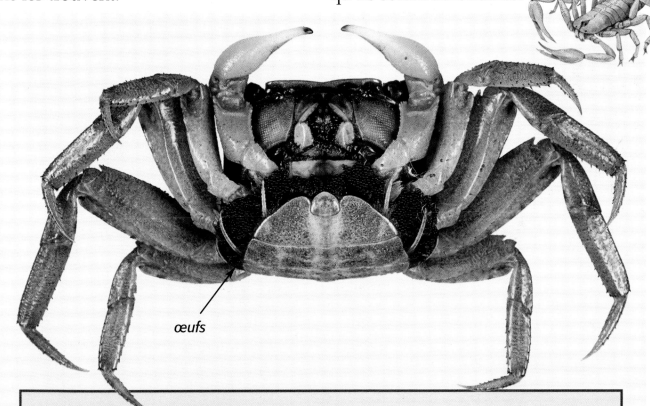

œufs

Surveiller les œufs

Quelques espèces d'arthropodes, comme les crabes, surveillent leurs œufs jusqu'à ce qu'ils éclosent. La femelle crabe appelant, montrée ci-dessus, transporte ses œufs dans la poche incubatrice spéciale de son exosquelette.

Certains arthropodes, tels les termites, les fourmis et les abeilles, vivent en groupes appelés colonies. Ils travaillent de concert pour surveiller les œufs. Ils prennent soin des rejetons et des œufs de tous les membres du groupe.

La mue

L'exosquelette ci-dessus a été abandonné par une écrevisse. L'écrevisse ci-dessous doit attendre que son nouvel exosquelette durcisse avant de détaler.

La taille du corps de l'arthropode s'accroît, mais son exosquelette ne s'étire pas. Lorsque son enveloppe devient trop étroite, l'arthropode doit donc **muer**, c'est-à-dire se débarrasser de celle-ci. Un nouvel exosquelette souple se trouve sous l'ancien. L'arthropode doit attendre quelque temps pour que la nouvelle enveloppe sèche et durcisse. Pendant ce temps d'attente, le corps de l'arthropode se gonfle. Cela crée de l'espace supplémentaire sous l'exosquelette pour favoriser la croissance du corps.

Exposé aux dangers

La période de la mue est dangereuse. Lorsqu'il n'est pas recouvert d'une carapace dure, le corps fragile de l'arthropode peut être endommagé ou dévoré par des prédateurs. La mue peut durer de quelques minutes à une journée entière. L'arthropode ne peut pas bouger, manger ou se défendre tant que son nouvel exosquelette n'est pas sec et dur. La tarentule montrée ci-dessous est sans défense, car son nouvel exosquelette n'est pas prêt.

Des millions de minuscules organismes vivent dans l'eau. Plusieurs sont des parasites qui s'attachent au corps des arthropodes aquatiques. Lorsque les arthropodes muent, ils se débarrassent des parasites en même temps que de leur exosquelette usé.

Les changements

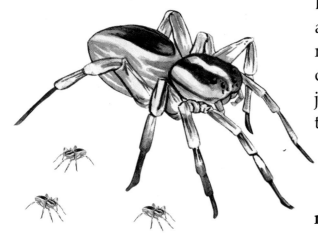

Bébés araignées nouvellement éclos.

Lorsqu'ils sortent de leur œuf, certains arthropodes ressemblent à des versions miniatures de leurs parents. Pour devenir adultes, ils grandissent et muent jusqu'à ce que leur corps atteigne la taille adultes. D'autres arthropodes ne ressemblent aucunement à leurs parents lorsqu'ils éclosent. Pour devenir adultes, ils doivent subir une **métamorphose**. Le mot «métamorphose» signifie «changement de forme».

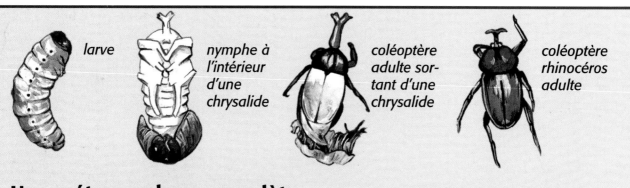

larve — nymphe à l'intérieur d'une chrysalide — coléoptère adulte sortant d'une chrysalide — coléoptère rhinocéros adulte

Une métamorphose complète

Certains arthropodes subissent une métamorphose complète. Entre le moment où ils sortent de leur œuf et celui où ils deviennent des adultes, leur corps est tout à fait différent. Lorsqu'ils sortent de leur œuf, ces arthropodes ne ressemblent pas du tout à des arthropodes! Par exemple, un insecte peut éclore sous la forme d'une larve, d'un asticot ou d'une chenille, mais se transformera en coléoptère, en mouche ou en papillon.

Lorsqu'ils éclosent, ces insectes sont appelés larves. Avant qu'une larve ne devienne adulte, son corps doit se transformer totalement. La larve se renferme dans une enveloppe appelée chrysalide. Le jeune insecte est alors une nymphe. Son corps se liquéfie et se transforme totalement. Lorsque l'insecte sort de la chrysalide, c'est un adulte muni d'ailes et de six pattes.

Changer par étape

Plusieurs espèces d'insectes ressemblent aux adultes lorsqu'ils éclosent, mais en fait leur corps a une forme différente de celui des adultes. Ces insectes subissent une métamorphose incomplète pendant leur croissance, ce qui signifie qu'ils changent par étape. Lorsqu'ils éclosent, ces arthropodes sont appelés nymphes. Chaque fois que la nymphe mue, son corps change un peu. À titre d'exemple, la nymphe de l'asclépiade (ci-dessus, à droite) est dépourvue d'ailes lorsqu'elle éclot. Pendant sa croissance, elle subit plusieurs mues. À chaque mue, des ailes se forment progressivement. Lorsque l'insecte a fini sa période de mue, c'est un adulte pourvu d'ailes (à droite).

nymphe d'asclépiade

asclépiade adulte

Le corps des crustacés

Les crustacés aussi subissent une métamorphose incomplète. Ils passent à travers quatre stades : œuf, zoé, **juvénile**, adulte. Lorsqu'il éclot, le crustacé est une créature minuscule appelé zoé. Il flotte dans l'eau et se nourrit de plantes et d'animaux microscopiques. À chaque mue, ses pattes et ses pinces se développent un peu plus. Il devient alors juvénile. Le crabe juvénile (à droite) deviendra un adulte (à gauche) après plusieurs autres mues.

Se procurer de l'air

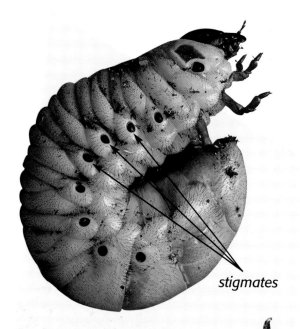
stigmates

Tous les animaux ont besoin d'oxygène pour survivre. Les animaux peuvent respirer seulement s'ils sont munis de poumons pour aspirer l'air dans leur corps, puis l'en rejeter. Les arthropodes sont dépourvus de poumons, mais ont développé d'autres façons d'obtenir de l'air. Les plus petits arthropodes absorbent simplement l'oxygène à travers leur exosquelette. Ce sont de minuscules crustacés appelés isopodes, illustrés ci-dessus.

Des trous d'air

Les insectes, les centipèdes et les millipèdes s'approvisionnent en air par de petites ouvertures appelées stigmates. Ils sont habituellement munis d'une ligne de stigmates située de chaque côté de leur corps, le long de leur thorax et de leur abdomen. Les stigmates sont reliés à de petits tubes, appelés trachées, lesquels transportent l'air. L'air pénètre à travers les stigmates, puis est acheminé par les trachées partout dans le corps de ces arthropodes.

Respirer sous l'eau

L'eau circule dans le corps des crustacés à travers les **branchies**. Les branchies absorbent l'air dissous dans l'eau et envoient cet air à travers le corps de l'animal. Les branchies sont aussi conçues pour rejeter l'eau.

Cette écrevisse est munie de branchies minuscules situées à la base de ses pattes. Ces branchies poussent l'air dans son corps.

Un organe de respiration particulier

Certains chélicérates s'approvisionnent en air par le biais d'un organe spécial constitué d'une série de replis dans leur exosquelette. Cet organe ressemble aux pages d'un livre. L'air passe entre les replis et se mêle au sang de l'animal, lequel circule aussi dans les replis. Le sang absorbe l'oxygène et le transporte dans le reste du corps. Les arachnides munis de cet organe sont aussi munis de trachées servant à transporter l'oxygène partout dans leur corps.

La plupart des araignées s'approvisionnent en air par des stigmates, mais quelques espèces sont munies d'un organe constitué d'une série de replis. Toutes les araignées sont pourvues de trachées.

Vivre de végétaux

Plusieurs espèces d'arthropodes se nourrissent de végétaux. Un grand nombre d'herbivores sont des insectes. Les abeilles et les papillons, par exemple, butinent le nectar des fleurs. D'autres insectes se nourrissent de racines, de tiges ou de feuilles. Les minuscules pucerons sucent la sève des plantes, les chenilles grignotent les feuilles et les termites percent des trous dans l'écorce des arbres.

Les insectes utiles

Si certains insectes endommagent ou tuent les plantes en s'en nourrissant, plusieurs autres insectes sont utiles aux plantes. La plupart des plantes à fleurs dépendent des insectes pour assurer leur **pollinisation**, qui permet ensuite la production de graines. Si les plantes ne produisaient pas de graines, elles finiraient par disparaître.

Les insectes pollinisateurs

Certains insectes volants, tels que les abeilles, les guêpes et les papillons, voyagent de fleur en fleur à la recherche de nourriture. Lorsqu'ils se déposent sur une fleur, le pollen adhère à leur corps. Ils transportent ensuite ce pollen vers d'autres fleurs, assurant ainsi leur pollinisation. Grâce à ce processus, les plantes peuvent produire des graines.

Certaines abeilles se nourrissent de pollen. Les pattes de cette abeille sont pourvues de pochettes dans lesquelles elle emmagasine le pollen qu'elle ramènera à la ruche.

Un maillon de la chaîne

Les arthropodes font partie de plusieurs chaînes alimentaires. Une chaîne alimentaire est constituée des animaux qui se nourrissent de végétaux et qui se font ensuite manger par d'autres animaux. L'énergie et les nutriments circulent à travers la chaîne alimentaire, passant d'un animal à l'autre. Un très grand nombre d'animaux, parmi lesquels on compte plusieurs espèces d'amphibiens, d'oiseaux, de poissons, de reptiles et de mammifères, dépendent des arthropodes pour assurer leur alimentation. Plusieurs humains aussi se nourrissent d'arthropodes, particulièrement de crustacés tels que les crabes, les homards et les crevettes.

L'heure de manger

Plusieurs arthropodes sont des prédateurs qui chassent et dévorent d'autres animaux. Ils se nourrissent principalement d'autres arthropodes, incluant des membres de leur propre espèce! Souvent, les araignées, les scorpions et les insectes capturent et mangent leurs semblables. Les arthropodes de grande taille chassent de petits oiseaux, des souris, des grenouilles et des serpents. L'araignée-crabe, ci-dessous, a capturé une guêpe qui est plus grosse qu'elle-même!

Manger les restes

Certains arthropodes sont des charognards, ce qui signifie qu'ils se nourrissent de plantes et d'animaux morts. La plupart des crustacés sont des charognards. Ils nettoient le fond de l'océan en mangeant les débris des proies laissés par les requins ou les autres animaux de grande taille. Certains arthropodes terrestres sont aussi des charognards.

Terminer le travail

Les charognards ne mangent pas les animaux morts en entier. Lorsqu'ils ont fini de manger un animal mort, il reste encore des nutriments et de l'énergie. S'il n'y avait pas des décomposeurs, tels les coléoptères, les mites et les asticots, ces nutriments seraient gaspillés.

Les équipes de nettoyage

Les décomposeurs transforment et décomposent les débris de certaines parties du corps, comme la peau et les os. D'autres décomposeurs se nourrissent de végétaux morts. En décomposant leur nourriture, non seulement les décomposeurs obtiennent de l'énergie, mais en plus ils contribuent à produire une couche de sol fertile appelée humus, qui favorise la croissance des végétaux.

Les crevettes nettoyeuses ont reçu leur nom d'après leurs habitudes alimentaires. Elles mangent les parasites vivant sur les poissons. Les poissons ont un service de nettoyage, tandis que les crevettes obtiennent un repas!

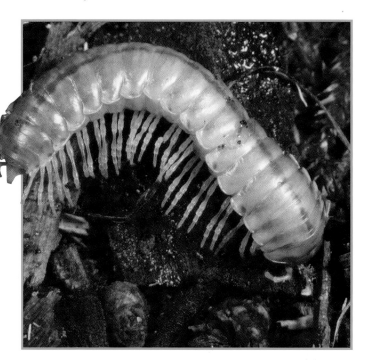

Les mille-pattes se nourrissent de débris de végétaux. Ils décomposent ces éléments et contribuent ainsi à retourner les nutriments dans le sol.

Les moyens de défense

Tous les arthropodes sont protégés grâce à leur exosquelette, mais la plupart ont développé d'autres moyens de défense contre les prédateurs. Les scorpions utilisent du venin aussi bien pour combattre les prédateurs que pour capturer des proies (voir page 11). Les araignées, les centipèdes et les triatomes sont aussi pourvus de venin.

Le venin ne tue pas nécessairement le prédateur, mais il peut l'étourdir assez longtemps pour que l'arthropode puisse s'échapper. Plusieurs arthropodes ont des moyens de défense qui leur permettent d'éviter d'être attaqués. Par exemple, cette sauterelle est munie d'aiguillons acérés pouvant blesser le prédateur.

Le camouflage

Plusieurs arthropodes ont recours au **camouflage** pour se protéger. Leurs couleurs et leurs motifs les aident à se cacher. Les pucerons, les criquets et les autres herbivores sont verts ou bruns, ce qui leur permet de se confondre avec les plantes dont ils se nourrissent. Afin de se cacher, certains arthropodes imitent les parties d'une plante. L'insecte-brindille, montré à droite, ressemble à une petite branche. L'insecte-brindille peut aussi changer de couleur pour se confondre avec la plante sur laquelle il se trouve.

D'autres moyens de défenses

 Certains crabes et certaines araignées peuvent se défaire d'une patte pour fuir un prédateur. Un nouveau membre se forme sous l'exosquelette de l'animal, mais n'apparaît qu'à la mue suivante.

Plusieurs arthropodes pourvus d'un exosquelette aux couleurs vives goûtent très mauvais! Les prédateurs évitent de les manger pour cette raison. D'autres arthropodes arborent des couleurs vives même s'ils ne goûtent pas mauvais. En imitant les arthropodes qui ont un goût désagréable, ils évitent de se faire dévorer.

Les insectes-brindilles peuvent mesurer plus de 36 cm de long! Malgré leur grande taille, ils sont difficiles à repérer parmi les branches.

Les dangers

Même si les arthropodes ont développé plusieurs moyens de défense, ils sont incapables de se protéger contre les humains. Les arthropodes de la planète subissent la même menace que la plupart des animaux : leur habitat naturel est en train de disparaître. Les humains détruisent les zones naturelles pour y construire des villes, des industries et des fermes.

Au fur et à mesure que disparaissent ces espaces naturels, les arthropodes ont moins d'habitats où vivre. La pollution est aussi un grave problème pour les arthropodes. Certains crabes, comme ceux montrés ci-dessus, sont affectés par les déversements pétroliers et les détritus se trouvant dans les océans et sur les rivages.

La disparition des forêts

Les forêts pluviales abritent des millions d'espèces animales. Plusieurs espèces n'ont pas même encore été découvertes! Pourtant, les humains continuent de déboiser et de brûler les forêts pluviales à un rythme alarmant. Lorsqu'une zone de la forêt pluviale a été détruite, elle ne repousse pas. En conséquence, les animaux qui y vivaient s'éteignent. Les scientifiques ne savent pas combien d'espèces d'arthropodes peuvent disparaître en même temps que les forêts.

Secourir les arthropodes

On peut secourir les arthropodes en apprenant à leur sujet et en essayant de comprendre quel rôle ils jouent sur la planète. Plusieurs arthropodes sont bénéfiques pour l'homme.

Glossaire

abdomen   Partie arrière du corps de l'arthropode

antenne   Appendice servant à détecter les mouvements et les odeurs

appendice   Membre articulé attaché au corps, telle une patte

branchie   Organe de respiration de certains arthropodes servant à prélever l'oxygène de l'eau

camouflage   Motif coloré que porte un animal pour se cacher de ses ennemis

céphalothorax   Partie de certains arthropodes formée de la tête et du thorax soudés

chélicères   Petites pinces situées près de la bouche, lesquelles servent à mordre

éteindre (s')   Se dit d'une plante ou d'un animal qui a cessé d'exister

exosquelette   Enveloppe rigide d'un arthropode

juvénile   Arthropode qui n'est pas encore prêt à se reproduire

larve   Insecte sortant de l'œuf

litière feuillue   Couche de matière formée de végétaux et d'animaux en décomposition

métamorphose   Stades pendant lesquels le corps de l'arthropode subit des changements et se reforme

microscopique   Se dit d'un organisme si petit qu'il ne peut être observé qu'à l'aide d'un microscope

muer   Se débarrasser de son exosquelette

pollinisation   Processus par lequel le pollen est transporté d'une plante à une autre en vue de produire des graines

prédateur   Animal qui chasse et mange d'autres animaux pour se nourrir

proie   Animal qu'un prédateur pourchasse pour le dévorer

accoupler (s')   S'unir pour faire des petits

thorax   Partie du corps de certains arthropodes à laquelle sont attachées les pattes et les ailes

yeux composés   Yeux de la plupart des insectes et de certains crustacés, lesquels sont composés de milliers de minuscules lentilles

Index